Christian Mark Bauer

Herzens-Wege
ins Erwachen

Inwendige Poesie – Inspirationen
für ein herzerfülltes Hiersein

© 2019 Christian Mark Bauer

Umschlagmotiv © Foto: iStock.com/kamisoka
Foto/Porträt: Katrin Heitzmann

Verlag und Druck: tredition GmbH,
Halenreie 40-44, 22359 Hamburg

ISBN Taschenbuch: 978-3-7482-3251-3
ISBN Hardcover: 978-3-7482-3252-0
ISBN e-Book: 978-3-7482-3253-7

Bibliografische Informationen der Deutschen Nationalbibliothek:
Die Deutsche Nationalbibliothek verzeichnet diese Publikation in der
Deutschen Nationalbibliografie; detaillierte Bibliografische Daten sind
im Internet über http://dnb.d-nb.de abrufbar.

Gewidmet all denjenigen,
die ihrer inneren Sehnsucht lauschen
und ihrem Herzen folgen möchten.

Inhalt

Auf der Suche

Der Schlüssel 10

Der blinde Fleck 12

Der Krieger 16

Der feine Unterschied 22

Die Suche nach der wahren Liebe 26

Die Reise durchs Feuer 30

In Verbindung

Dir so nah zu sein 36

Der Meister 38

Aus *einem* Herzen 44

Einfach Liebe 46

Mitten im Leben

Mit jedem Augenblick entsteht ein Spiel   52

Und irgendwann   56

Hüter des Herzens   60

Ein Dank ans Leben   66

Und einfach weiter

Nur die Liebe   70

Du bist es, der mich ruft   78

Träger des Lichts   82

Dank   86

Der Autor   88

Vielleicht fragst du dich ja manchmal:

„Atme ich überhaupt?

Schlägt mein Herz eigentlich schon?

Wie fühlt es sich tatsächlich an, lebendig zu sein?

Und auf wen oder was warte ich denn noch?"

Auf der Suche

Der Schlüssel

Wo einst die Sicht so tief versperrt,
die Dunkelheit das Licht entzerrt,
ein Funkeln in der Nacht,
ein kleines Feuer mitgebracht.

Siehst du nun die Sterne, hell und klar,
sie lagen dir schon immer dar.
Das schönste Firmament der Welt,
schaffst du dir, durch dein eigenes Himmelszelt.

Der Aufbau, der wird dir gezeigt,
die Winde werden dir erklärt,
doch *du* bist der, der seine Hände neigt
und bist die Kraft, die deine Früchte nährt.

Zu wissen dies, entfacht das Feuer
und gibt dir Macht, die ungeheuer.

So gib den Ängsten Platz zu weichen,
um dir selbst die Welt zu reichen.

Der blinde Fleck

Eine Ahnung, klein und fein,
ein leichtes Stechen, wie ein Hauch,
eine unbekannte Kraft
in meinem Körper, doch nicht nur.

Kommt es von mir oder von außen,
hab ich gesandt, den Ruf nach draußen?

Die Welt so schön und auch so rein,
und doch die Frage: „Kann das alles sein?"

Woher kommt dieses neue Brennen?
Bekannt und doch unendlich anders
erhebt es mich aus meinen Bannen,
lässt es mich Worte neu bespannen.

Ist es die Kraft, die mich ganz unbestimmt
einfach mit nach Hause nimmt?

Wieso die Sehnsucht tief in mir?

Ist mein Zuhause nicht schon hier,
mein eigenes, sicheres Revier?

Was ist es, was ich selbst gerufen,
das scheinbar mein Verlangen hört?
Was da ist, doch nicht recht zu fassen
und dennoch unverkennbar tief.

Die Suche schien schon abgeschlossen,
die Felder wurden neu bestellt.
Doch dann, so unverhofft und offen,
der ganze Himmel kurz erhellt.

Was ist es, was ich in mir trage?
Was will der kleine, blinde Fleck,
der nun, auch nach vergangener Zeit,
weiter ins Bewusstsein schreit?

Ist er vielleicht noch mehr von mir,
als all meine Gedanken hier?

Er lässt sich einfach nicht verdrängen,
geschmückt mit weichen, sanften Klängen.

Doch ist dies nichts, was ganz allein.
Es muss ein Gegenstück auch sein.

Die Ahnung schleicht sich leise ein,
dies unbekannte, sanfte Stechen.
So stark und doch so himmlisch rein,
als könnt' die ganze Welt daran zerbrechen.

Kaum wahrgenommen, wächst es weiter,
auf dass es meinen Körper teilt.
Wer ist denn dieser dunkle Reiter,
der auf der Stelle nun verweilt?

Nicht wirklich vor,
auch nicht zurück.
Sucht er ein Tor
und drin sein Glück?

Scheint nicht zu wissen, was er sucht.
Die Gefühle viel zu neu.
Ist er seinem Trieb verflucht
und bleibt doch der Gewohnheit treu?

Die Zeit läuft weiter, zäh wie Blut.
Er ist verschwunden in der Nacht.
Fehlt ihm die Größe oder Mut?
Was hat er wirklich mitgebracht?

Die Sicht der Welt ist nun verzogen.
Die Gewohnheit zeigt die Zäune.
Wie weit hab ich mich selbst belogen?
Erträum' ich mir nur weitere Räume?

Warum gekommen grad' zu mir?
Was send' ich aus mit meinen Rufen?
Ich habe doch schon alles hier!

Da, der ferne Laut von Hufen.

Der Krieger

Man sieht ihn oft
und immer anders.
So ist es doch derselbe Schein.

Die gleiche, ruhige Atmosphäre,
in der ein kleines Feuer
mit großer Kraft unlöschbar brennt.

Der Blick ist feurig,
zugleich milde.
Er spiegelt Freiheit
und den Himmel,
der ewig keine Grenzen hat.

Man spürt die Kraft aus seiner Mitte,
doch geht er ruhig mit leisem Schritte.

Ob hier oder in anderem Bunde,
er nutzt die Zeit,
ehrt jede Stunde.

Man könnte meinen, dieser „Wilde"
führt etwas Schräges hier im Schilde.

Doch weiß er besser als manch Anderer,
was wichtig und zu achten ist.

Um seine Haltung aufzurichten,
wird er gern auf viel verzichten.

Eine Stimme sagt ihm leise,
dass auf diese Art und Weise
er geht sicher auf die Reise.

Wie oft doch, trübt der Schein die Augen
und lässt die vielen Menschen glauben,
das Glück sei zu besitzen.

Er selber ehrt die Macht der Meister,
die ebenso die Himmelsgeister,
als Lehrer seh'n in ihrem Tun,
doch selten zeigen ihren Ruhm.

Er weiß, dass Liebe Stärke ist,
durch nichts hier zu durchbrechen.
So wird er auch im ärgsten Fall
auf keine Art sich rächen.

Und sind die Karten noch so schlecht,
er bleibt voll Ehre stets gerecht.
Denn nur Mitgefühl und Liebe
führ'n im Endeffekt zum Siege.

Er hat hier enorme Pflichten,
die sich bezieh'n auf alle Schichten.

Er spürt und weiß, dass er geschickt,
um ehrenvoll zu helfen.

Es geht um mehr, als viele ahnen.
Weit verzweigt sind seine Bahnen.

Die Augen dürfen fest geschlossen,
das Herz ganz weit geöffnet sein.
Das Vertrauen eines Kindes
gibt dem Wesen seinen Schein.

Die Pforten werden kurz geöffnet,
um solch Armeen hinaus zu senden,
mit diesem seltenen Privileg.

Sie sind geschickt, um hier zu lernen,
zu helfen und zu sein.
Sie bringen dar, wie sie erhielten,
den hellen, weißen Schein.

Ihr Name ist des Kriegers gleich,
doch Liebe ist ihr Heimatreich.

Sie sind gekommen, werden führen
und ein riesiges Feuer schüren.

Sie entflammen all die Herzen,
die ziellos noch im Schatten steh'n.
Vertreiben jede Art von Schmerzen
und werden mit der Sonne geh'n.

Sie bringen Hoffnung und das Leben,
egal, wo sie auch sind zugegen.

So wird auch jedes Wesen seh`n,
dass sie nicht vor dem Ende geh'n.

Sie sind bekannt durch viele Namen,
doch einer gibt dem Bild den Rahmen.

Das Licht ist ihre reinste Form,
im Alltag Einfachheit die Norm.
Der Mut, ihr ewiger Gefährte,
der die Kraft zum Kämpfen schenkt
und die Hand des Schwertes lenkt.

Die Liebe ist ihr Führer,
ihnen stets die Richtung weist.
Der Name ist nur einer,
den niemand je vergisst.

Such tief im eigenen Herzen
und fühl, was du vermisst.

Dann erkennst du auch das Höchste.

Wer du wirklich bist.

Der feine Unterschied

Wann und wohin?

Wann fängt es an,
wo hört es auf?

Geht's steil hinab
oder bergauf?

In leichtem Schritt
oder im Lauf?

Ist die Richtung von Belang
oder wird sie schnell zum Zwang?

Folgst du dem Wort
oder dem Klang?

Erfüllt das Spiel
oder der Rang?

Zeigst du die Hülle
oder mehr das Innen?

Geht's dir ums Haben
oder ums Zerrinnen?

Suchst du draußen
oder drinnen?

Mit dem Herz
oder den Sinnen?

Willst du fühlen
oder in Gedanken wühlen?

Gibt's *eine* Antwort
oder viele?

Geht's um Liebe
oder Ziele?

Willst du siegen
oder einfach fliegen?

Suchst du Freiheit
oder Grenzen?

Willst du leben
oder glänzen?

Oder beides?

Die Suche
nach der wahren Liebe

Die wahre Liebe, gibt es sie?
Liegt es am Sucher, dass er suchen muss?
Er strebt sie an und findet nie.
Oft ist sie hier, doch stets im Fluss.

So sucht er weiter überall
und spürt nicht ihren Widerhall.

Er sucht in Bildern und mit Farben,
doch holt sich hierbei noch mehr Narben.

Ist sie schon fort, wo ist sie hin?
War sie nicht hier von Anbeginn?

Ist es ein Fremder,
der sie in sich trägt,
längst auf in ferne Länder,
während dies an meinem Glauben sägt?

Ist es ein Anderer, der sie hat?
Bleibt ohne ihn mein Leben matt?

Doch,
wer fühlt die Liebe,
tief in sich,
wie leichte Hiebe,
bin's nicht ich?

Und hat der Sucher je genug
oder ist er selbst Betrug?

Der Sucher sucht sein Leben lang
und Liebe wird zum Dauerzwang.

Doch finden wird er diese nicht.
Er schaut ihr nie ins Angesicht.

So lass ihn suchen weiterhin,
in Träumen seinen Lebenssinn.

Doch sei dir klar, was in dir sucht
und auf ewig weiter flucht!
Stets in der Zukunft, nie daheim,
das kann unmöglich s'Leben sein.

Denn Liebe trifft sich nur mit Leben
und nicht mit dem Gedankenstreben.
Was ich nicht bin, kann ich nicht geben.
Und viel zu denken, heißt nicht *leben*.

Ich kann sie mir von keinem borgen
und Liebe gibt es niemals morgen.

Sie ist schon hier, war niemals fort,
doch wächst sie an einem inneren Ort.

Wenn ich sie finde, tief in mir,
dann gibt es nichts mehr ohne ihr.
Doch nie woanders, nur im Hier,
dies bleibt ihr ewiges Revier.

Wenn ich sie spüre, bei allen Dingen,
wird nichts mehr mich zum Suchen zwingen.

Dann kann ich lieben und sie schenken,
soll doch der Sucher weiterdenken.
Wenn ich sie finde, teilt sie sich
und macht aus dir und mir ein ICH.

Sie fließt heraus aus mir und findet.
Wer offen ist, den sie verbindet.

Doch häufig sucht der Sucher weiter
und wird nur immer noch gescheiter.

Sein Suchen macht ihn niemals satt,
denn Liebe findet hier nicht statt.

Sein Wissen kennt die Liebe kaum
und Weisheit zeigt sich nicht im Traum.

Solang der Sucher nicht der Liebe gleicht,
ihm Liebe jedes Mal entweicht!

Nun ist's an mir, mich zu entscheiden:

Will ich *Suchen* oder *Liebe* meiden?

Die Reise durchs Feuer

Die Sehnsucht schenkt uns viele Gaben,
so auch die Angst, das zu verlier'n,
was wir noch nicht mal haben.

Nicht immer trau'n wir uns zu sagen,
was wir so alles in uns tragen.

Selbst wenn wir einen Ausdruck wagen,
können's Worte oft nicht sagen
und den Ton der Tiefe schlagen.

Doch, was gesagt ist, ist gesagt,
auch wenn es am Gewissen nagt.

„Das Wesentliche nicht vermittelt",
von Innen raus etwas bekrittelt.
Jetzt wird es lauter, meint zu wissen:
„Du könntest bald etwas vermissen."

Das Gefühl verstärkt sich nun,
doch irgendwas hält ab vom Tun.

Die Glut entflammt, das Feuer brennt,
noch niemand seine Richtung kennt.
Einmal entfacht, ganz unumstritten,
legt's keinen Wert auf Brauch und Sitten.

Es ist zu heiß, um klar zu sagen:
„Welchen Ausdruck kann ich wagen?"

Wir nehmen's mit und ziehen weiter,
ungewiss, ob dies gescheiter.

Nun wird es lodern weiterhin,
verbrennen all den falschen Sinn.

So, wie es brennt, wird es nichts meiden,
nicht nur ein halbes Feld beschneiden.

Vom Hoffen wird dann nichts mehr sein
und wer zurückkehrt, weiß ich nicht.
Doch, was auch bleibt, allein und rein,
wird's Einzige sein von Gewicht.

Was dann passiert, kann keiner sagen,
besser doch, den Schritt zu wagen.

Nur zu wissen dies, heißt nicht versteh'n,
wer's erleben will, muss selbst ins Feuer geh'n.

Wir werden seh'n, was letztlich bleibt
und wie's sich dann im Außen zeigt.

In Verbindung

Dir so nah zu sein

Manchmal form' ich dich in Bildern,
manchmal erblick' ich dich im Traum,
manchmal such' ich dich in Fremden,
manchmal find' ich dich im Licht.
Doch manchmal, sehe ich dich einfach nicht.

Wer wartet, sucht und hofft,
so lange und so oft,
hat Angst zu fallen, Angst zu sehen,
Angst zu leben und zu gehen?

Wer ist es, der da meint zu wissen,
noch nicht von seinem Thron gerissen?

Wer ist es, der da denkt, er glänze
gar bald in aller hellen Gänze?

Wer ist es, der da meint,
die Sonne nur im Außen scheint
und Tränen gar ein Anderer weint?

Wer ist es, der da glaubt
und wartet, ganz verstaubt?

Wer ist es, der sich da versperrt
und gegen all das Leben wehrt,
weit weg im Denken, nicht zugegen,
all den Ängsten noch erlegen?

Welch Leben ohne DICH?
Welch Kraft, die ich verneint?
Welch Tränen, nicht geweint?
Welch Sehnsucht, nicht geeint?

Steh'n sie denn offen, all die Tür'n,
den Herrn im Herzen zu berühr'n?

Wann genieß' ich auch den Regen,
erbitte Weisheit und gar Segen?

Im Schein des Lichts will ich streben,
weiter aufwärts, ganz ergeben.

Der Meister

Ganz sanft, wie lose Blüten sich im Winde baden.
Ein Ruf, der einlädt, doch auch nichts für sich erzwingt.

Ein sanfter Ruf, ganz ohne Hoffen,
so sucht er jedes Herz, das offen.

Kommt nicht vorbei, um sich zu zeigen,
er bettet mich sogleich in Schweigen.

Er reißt entzwei mit scharfem Schwerte,
nimmt hinweg die altgewohnte Fährte.
Meidet hier nicht Stock noch Härte
und prüft, was wirklich meine Werte.

Bläst Lichter aus,
doch reicht den Funken:
„Bau selbst dein Haus
und nun auf dem, was nicht gesunken!"

Im Außen Freund
und auch mal Feind,
doch ganz tief innen stets vereint.

Wie ein Schauer
zieht es ein,
reißt ein die Mauer,
gar so fein.

Der Blick nach innen
belebt das Außen.
Doch, wo ist drinnen
und wo draußen?

Das Außen mag im Innen sein,
das Dunkle sucht den hellen Schein.
Das Grobe beugt sich nur dem Feinen,
das Mächtige nur dem ganz Reinen.

Der Körper bebt,
das Feuer brennt,
der Atem hebt,
was er nicht kennt.

In Richtung aufwärts
zieht's nach unten
und gleichsam abwärts,
überall die Runden.

Mal nur ganz kurz
und manchmal über viele Stunden,
durchläuft auch Schmerz und öffnet Wunden,
damit sie, nun gesehen, durch volle Akzeptanz
gesunden.

So manches fällt nun ab von mir,
tropft weg, wie kalter Regen.

So ist es heut ein Anderer,
der diese Zeilen schreibt,
kann nicht mehr sicher sagen,
was geht und was noch bleibt.

Es werden weniger die Fragen,
die immer mehr Gewicht
zu tragen scheinbar haben,
doch kaum noch Sinn IM LICHT.

Wie vieles reimt sich ohne Dichter?
Wer gibt die Namen und Gesichter?
Wer zündet an die ganzen Lichter?

Der Kopf studiert,
ruft lautlos Namen.
Das Herz pulsiert,
bringt vor den Samen.

Was einst so wertvoll schien, das zu erreichen,
jetzt stellt was Größeres die Weichen.
Der Sand bedeckt die alten Zeichen
und nimmt hinfort all das Vergleichen.

Der Körper neigt sich Richtung Erde,
das Haupt gesenkt und frei von Stolz.
Er folgt nicht mehr der ganzen Herde,
die Knospen sprießen nun aus eigenem Holz.

Das Feuer brennt,
von wo auch her.
Und selbst sich kennt,
nun niemand mehr.

Nur Sehnsucht ruft
und will gefunden.
Das Pferd gehuft,
läuft viele Stunden.

Wer will noch wissen, was gewesen.
Der Fährmann fährt auch ohne Spesen.

Wer will noch warten
und auf was?
Das Feuer brennt,
auch wenn das Holz schreit: "Lass!"

Mal heftig heiß und mal ganz kalt.
Doch immer anders, niemals alt.
Auf ewig wechselnd, ohne Halt,
der Ruf des Lebens neu erschallt.

Die Welt im Wandel
scheint zu sagen:
"Vergiss den Handel,
lass dich tragen!"

Aus Gnade wohl geschickt zu lenken,
ein Licht, das endlos brennt.
Gibt es was Größeres zu schenken,
als jemanden, der die Richtung kennt?

So wird er finden,
doch nicht Jeden,
denn erst, wenn laut die Seele schreit,
der Lehrer all den Trug entzweit.

Wenn Fackel sich mit Flamme bindet
und all das Eigene überwindet,
sie irgendwann wohl selbst verschwindet
und nirgends mehr Getrenntsein findet.

Aus *einem* Herzen

Aus einem Herzen voller Dank und Freude,
das mehr und mehr erwacht,
ein kleiner Funken Liebe
zum Feuer sich entfacht.

Behutsam, Schritt für Schritt begleitet
und stets von dir bewacht.

Geführt, durch Wort und Wesen,
scheint alles klar bedacht.

So blüh'n die Blumen heute
auch noch in tiefster Nacht.

Auf immer feineren Wegen
erfahre ich nunmehr deinen Segen.

Und auch für Menschen um mich
scheint dieser dann zugegen,
um einfach alles zu beleben.

Einfach Liebe

Bist Du mal nicht bei mir, vermiss' ich Dich
seitdem ich weiß, dass es Dich gibt.

Möchte mich kennenlernen, ganz mit Dir,
Dich kennenlernen, ganz mit mir.

Möchte zu Dir sprechen,
weil ich weiß, dass Du mich hören kannst.
Möchte lachen, wenn ich lachen muss
und ich weiß, dass Du es mit mir kannst.

Möchte tief in Deine Augen schau'n,
weil ich weiß, dass Du mich sehen kannst.
Möchte Platz, wenn ich ihn brauch'
und weiß, dass Du ihn geben kannst.

Möchte Dich berühr'n, in allem, was ich seh'
und weiß, dass Du mich fühlen kannst.
Möchte still sein, wenn ich still sein will
und weiß, das Du es mit mir bist.

Möchte mich fallen lassen, wenn ich mich haltlos fühl',
und weiß, dass Du mich fangen kannst.
Möchte zeigen mich, wie immer ich auch bin,
und weiß, dass Du mich genau so lieben kannst.

Möchte sehen Dich, in allem, was Du zeigst.
Möchte hören Dich, in allem, was Du sprichst.

Möchte wärmen Dich, wenn Du die Nähe suchst.
Möchte bei Dir sein, wenn Du mich brauchst.

Möchte fangen Dich, wenn Du mal fällst.
Möchte spüren Dich, wie immer Du auch bist.

Möchte finden mich, in Dir,
möchte finden Dich, in mir.

Möchte leben *jetzt*, als „ich" und „wir".

Möchte lieben Dich, genauso wie Du scheinbar mich.
Möchte bei Dir sein, wo Du auch bist.
Hab Dich viel zu lang vermisst.

Möchte wissen, zu wem ich wirklich sprech',
in Freude wie im Pech.

Ob ich nicht auch dann meine „mich",
wenn ich sage:

„Ich liebe Dich!"

Mitten im Leben

Mit jedem Augenblick
entsteht ein Spiel

Der Sturm entfacht, im Geiste weht,
wie Feuer fließt es durch die Adern.
Der Körper nicht mehr g'rade steht
und der Verstand hat nur zu hadern.

Im Körper nun entstehen Orte,
darin enthalten viele Bilder.
Aus jedem Bild entspringen Worte,
doch ohne Richtung diese Schilder.

Die Bilder einst noch Halt geboten,
nun scheint sich nichts mehr einzuloten.
Die Gefühle, wohlbekannt,
verlaufen sich im heißen Sand.

Gebrochen scheint die Bilderwelt,
gekoppelt an so viel Gefühle.
Der allzu schöne Vorhang fällt,
jetzt steh'n hier nur noch leere Stühle.

Das Wissen kennt dies alles nicht,
erfährt sich nunmehr klein und schlicht.

Verzweifelt sucht nach was Vertrautem,
doch irgendwas entlarvt das Spiel.
Die Sehnsucht nach so viel Geschautem,
als Sicherheit irgendein Ziel.

Gefühle schrei'n und winden sich,
gewohnte Bindungen getrennt.
Wo soll ich denn jetzt finden mich,
wenn keiner mehr sich selber kennt?

Wo ist das ICH?
Wer kann es greifen?
Womit soll es nun binden sich,
um wieder weiter heran zu reifen?

Aus dem Augenblick entspringen Worte,
aus dem Augenblick erwächst ein Sinn,
aus dem Augenblick entstehen Orte,
und ich bin mittendrin.

Mit dem Augenblick verhallen Worte,
mit dem Augenblick verblasst ein Sinn,
mit dem Augenblick verschwinden Orte,
niemandem von Gewinn.

Mit jedem Augenblick entsteht ein Spiel,
vergess' ich mich,
dann tauch ich ein.

Und irgendwann

lass einfach los
und spiel das Spiel des Lebens

lass Wünsche zu und Sorgen sein
und halt sie nicht vergebens

und irgendwann blick tief in dich
erkenn dein ganzes Streben

wach einfach auf
nimm an, was dir gegeben

und irgendwann sieh klar dein Ziel
auch wenn es oftmals niederfiel

auf manchmal unbekannten Wegen
sahst du dem Leben dich erlegen

doch neben all Vergangenem
dank dem auch dir geschenkten Segen

und irgendwann steh wieder auf
und geh ganz einfach weiter

schließ auf dein Herz zu jeder Zeit
ob wolkig oder heiter

lass es erblüh'n voll Dankbarkeit
spür gar die Liebe nah und weit

nimm an die Hand, die dir gereicht
Geborgenheit, die niemals weicht

und irgendwann steh aufrecht da
und sag zu all dem Wunder
JA

sieh grad nach vorn und spür das Leben
das dir aus Gnade *jetzt* gegeben

wach einfach auf, sei dir nicht fern
ein Licht auf Anderer Wegen

lass Leuchten zu, zeig jedermann
dass niemand dich ersetzen kann

und irgendwann halt einfach an
und sieh auch das, was nie begann

und irgendwann

Hüter des Herzens

Aus Stille sanft ein Lied erklungen,
im Raume stetig aufgeschwungen,
die ganze Welt alsbald durchdrungen,
dem Herrn aus Dank ein Lob gesungen.

Die Ohren hören manche Töne,
doch wer empfindet all das Schöne?
Das Auge sieht, doch sehr begrenzt,
die Fülle nur im Herzen glänzt.

Das Denken stößt an seine Grenzen,
verirrt sich in der weiten Welt.
Im Innern scheint ein Stern zu glänzen,
unberührt von Macht und Geld.

Ganz tief im Herzen ist ein Platz,
behütet dort, welch großer Schatz.

Den Sinnen ganz und gar verschlossen,
dem Wissen bleibt er auch versperrt.
Vergangenes, wenn auch genossen,
lediglich die Sicht verzerrt.

Der Sehnsucht immer mehr ergeben,
bereit, das Alte abzulegen.
Auf nunmehr unbekannten Wegen,
empfängt das Herz den sanften Segen.

Kaum vernehmbar leise, im Getöse dieser Welt,
erleuchtet ganz in Stille, am Himmel hoch ein Zelt.

Fern von Sinn und ohne Worte,
still schweigend öffnet sich die Pforte.
Ganz achtsam und gar wohl bedacht,
erhellt ein Stern die dunkle Nacht.

Frei von Druck und allem Streben,
dem Freudentanz ganz hingegeben.

Als Einheit und in Brüderschaft,
sich Weite nun zur Enge rafft.

Der Trieb und Krach des Lebens,
blickt weiter nur nach vorn,
hört weder die Trompeten
noch das goldene Horn.

Heerscharen voller Engel
begleiten ganz im Licht,
die nunmehr hier Erwählten,
Menschen klein und schlicht.

Geeint und eng verbunden,
verließen sie die Norm,
entsagten dem Vertrauten
und tauchten in die Form.

Gemeinsam auf die Erde,
geeint, doch dann zerstreut,
über viele dunkle Jahre,
der Andern Anblick nicht erfreut.

Zu lange lagen Schmerzen
in tiefe Trauer eingeschirrt.
Doch tief im Herzen pocht ein Wissen,
das letztlich unerträglich wird.

Die Sehnsucht tief im Menschen wird erweckt,
als Schutz der Meister Gunst ihr beigestellt.
Vor Trug und Zwang, das Tor bleibt wohl bedeckt.
Des Herzens Glanz sich nur zu Reinem hingesellt.

Obgleich verwirrt und angeschlagen,
die Sehnsucht stellt sich all den Klagen.
Durch Dunkelheit und Einsamkeit,
die Seele nach den Ihren schreit.

Unbekanntes nun entfacht,
ein Leuchten streift die dunkle Nacht.
Im Vertrauen unbefleckt,
die Herzen nun vom Schlaf erweckt.

Nach oben sich gen' Raume hebend,
all Durchdrungenes aufbelebend.
Der Verstand schließt ab die Tore,
ein sanfter Laut erklingt im Ohre.

Wie ein Bach im Körper kräuselt,
es durch jede Zelle säuselt.
Die Dunkelheit weicht aus dem Lichte
und Zartheit fließt durch all die Dichte.

Das Herz belebt auf eigene Weise,
zerbricht das Festgefahrene leise
und macht sich auf die größte Reise.

Die Seinen kennt es ohne Worte,
doch finden muss es nun die Orte.

Ein Dank ans Leben

Durch Achtsamkeit entsteht ein Raum,
den Hände einfach nur erspür'n.
Viele ihn doch selten schau'n,
mit Feingefühl ihn sanft berühr'n.

Im Inneren des Herzens
Leben, Feuer, Sehnsucht gar zugegen.
Niemand will und möchte wissen,
voll erlebt und schon vorbei.

Nichtsdestotrotz klopft an der Segen,
wo immer auch ein Samen fällt.
Wind und Wetter tragen Blüten,
verstreut im weiten Feld.

Aus den Worten werden Töne,
nicht mehr als nur Gewicht
und Glück und Freude,
eine Wiese, die strahlt im hellen Licht.

Laut ausgesprochen fällt ein Wort,
ein Ort in silbernem Lichte.

Weit außerhalb, im Jetzt und Hier,
ganz ohne die Geschichte.

Im Glanz all-ein,
kein Ende und auch kein Beginn,
doch Glück und Freude für das Sein,
dem Herrn nicht ohne Sinn.

Fragt Leben denn nach Leben?
Fragt Liebe, wie man liebt?
Sucht Frieden denn nach Freiheit
und Freude nach dem Sinn?

Ist es von Wert zu wissen,
wenn mittendrin

ICH BIN

Und einfach weiter

Nur die Liebe

Das Herz allein bestimmt die Tiefe
Schenken will es sich und geben
Dienen, Lieben sind sein Segen

Die Kraft des Herzens viel zu groß
Die Welt im Kopfe viel zu klein
Das Licht im Innern viel zu rein

Vergleichend, prüfend, fast beraubt
Erinnerungen gar verstaubt
Planend, wie, wohin und überhaupt

Und wenn, dann fragend, ob erlaubt
Halten kann ich's dennoch nicht
Liebe nur sich selber glaubt

Der Verstand zurückgeblieben
Die Liebe selbst will einfach lieben

Auch nimmt sie, raubt sie, fegt hinfort
Im Dienen schenkt sie, brennt sie, liebt sie dich

Im Teilen teilt sie, gibt sie sich
All Anderes ist ihr unbekannt

Gar niemand kann so heftig sein
Kein Wanken und kein Zittern

Kein Kompromiss, kein irgendwas
Nur sie allein, nimmt alles das

Sie liebt nur
Und so liebt sie halt

Die Meister lieben sie und scherzen
Die Toren glauben nicht und schmerzen
Doch belebt sie all die Herzen

Die Weisen sprechen nur mit ihr
Aus ihr, mit ihr und zu ihr
Schenken nur noch ihr Gewähr
Und lieben nichts wie sie so sehr

Keiner kann ihr je entkommen
Keiner ist ihr je gefeit
Sei wach und alle Zeit bereit

Kein Halten und kein Wissen mehr
Nimm dir alles
Gib es ihr

Frag nicht mehr nach
Dreh nie mehr um

Kein Werden und auch kein Warum
Die Liebe liebt, ganz ohne Unterlass

Mach die Augen auf und lebe
Mach die Ohren auf und höre
Was sie dir zu erzählen hat

Sicherheit und Liebe
Gemeinsam kann es das nicht geben

Wenn sie dich liebt ganz ungehemmt
Sie alles einfach niederkämmt

Wenn du sie einlässt, gibt es kein Zurück
Wenn du sie einlässt, holt sie dich
Und schwemmt dich ganz hinfort

Wenn du sie einlässt, liebt sie dich
Du wirst nie mehr der Alte sein

Wenn du sie einlässt, bestiehlt sie dich
Und schenkt dir alles, was es nicht zu halten gibt

Liebe liebt einfach
Bis alles Liebe ist

Ohne Regel
Kein Gebot

Kein Gewinn
Auch kein Verlust

Kein Erreichen und kein Ziel
Nicht wenig und nicht viel
Nicht da hin und auch dort nicht hin

Alles bricht sie auf
Alles nimmt sie weg
Nichts bleibt, wie es ist

So liebe oder lass es sein
Zusammen oder auch allein

Denn auch alleine ist zusammen
Weil Liebe einfach liebt
Und immer alles gibt

Schau in dein Herz
Hör einfach hin

Dann verstehst du ihre Worte
Und auch den ganzen Sinn

Dann kannst du hören, was sie sagt

Wenn du redest, hört sie dich
Wenn du hörst, spricht sie zu dir
Wenn du lebst, dann lebt sie dich
Und wenn du liebst, dann liebt sie sich

So lass sie einfach lieben

Denn, wie du bist, so liebt sie dich
All ewiglich

Was hast du ohne SIE?
Was hat dann einen Wert?

Doch bist du weniger als Nichts und hast doch SIE
Hast du nicht Alles dann, mit IHR?

Nenne es Gott
Oder gar Leben

Nenne es Lieben oder Segen
Doch werden möchte ich zu IHR

Nur mit der Liebe möchte ich gehen
Mit ihren Augen möchte ich sehen

Und dafür werden ganz zu IHR
In Allem suche ich SIE

Wenn du erkennst, dass du es bist
Der sich so lange selbst vermisst

Dann schaust du auf und nie mehr nieder
Zurück auf all die alten Lieder

So lass dich reiten auf der Woge
Ganz absorbiert vom Liebessoge

Liebe

Du bist es, der mich ruft

Du bist es

Du bist der Pächter aller Fragen
bist der Träger vieler Klagen

Du bist es, der die Kraft mir gibt, all das zu tragen
und der mir hilft, den Schritt zu wagen

Du bist die Stimme, die mich ruft
die Worte, die ich sprech'
die Töne, die ich hör'

Du bist das Leben, das mich lebt
die Liebe, die mich liebt

Du bist das Leuchten all der Lampen
das Licht im Lichte ohne Schranken
das Aufsteh'n und das Weitergeh'n
und manchmal auch das Wanken

Du bist der Sinn in allem Streben
das Licht, die Liebe und das Geben

Der Sinn der Sinne ganz allein
im Innern findet sich Dein Schein

Im Aussen wirst Du schnell zum Wandel
zu Stress und Trauer und 'nem Handel

Doch einzig *Du* bist zu erstreben
hast nicht auch Du mir dies gegeben

Hab scheinbar einiges erklommen
und auch so manches hier bekommen
doch wird nicht auch das mir mal genommen
damit der Blick nicht so verschwommen

Mit Dir bin ich gekommen
mit Dir werd ich auch geh'n

Ob hier oder woanders
werd ich durch Dich schon seh'n

Wo sollte ich auch hin
wenn ich in Dir doch eh schon bin

Träger des Lichts

Die Augen derer, die es schauen,
was sehen sie in allen Lagen,
im Wohle wie im Unbehagen?

Was spiegelt sich in ihnen wider,
was teilen sie für Herzenslieder?

Die Ohren derer, die ihm lauschen,
im Stillen wie im starken Rauschen,
was hören sie,
was berührt sie gar so fein?

Die Herzen derer, die es kennen,
die sich ganz in ihm verbrennen,
was offenbaren sie,
das scheinbar so geheim?

Welcher Geist lebt ewig weiter,
spürbar sanft und immer heiter,
unberührt und endlos rein?

Unerschütterlich im „Ja"
und ebenso im „Nein".

Im lichten Glanz
des großen Einen

Im Lebenstanz
des winzig Kleinen

Im ewig neu entdeckten Lied

So still, so klar
hellwach

in allem, was geschieht

Hörbar und so ewig stumm
klanglos wunderschön

Wahrnehmbar still
wenn nichts es will

und endlos in Bewegung

Nichts mehr
und auch nicht weniger als das

Kristallen hell
so transparent

Lebendig klar

Unmittelbar

Dank

Einen aufrichtigen und herzlichen Dank an all diejenigen, die mich die letzten Jahre auf so unterschiedliche Weise unterstützt und begleitet haben.

Meine Familie, die mir stets Rückhalt, Stabilität und Sicherheit gegeben hat und mir dadurch ermöglichte mich dem mir Wesentlichen zu widmen.

Freunde/innen und WegbegleiterInnen, die mir durch ihr ehrliches Interesse und ihre liebevolle Anteilnahme halfen oder mich durch ihre eigene Begeisterung und Entschlossenheit inspirierten, an mich zu glauben und mein Inneres auch mit anderen Menschen zu teilen.

Meinen Lehrern und Mentoren. Insbesondere meinem Lehrer Daniel Hertlein, der mich bis heute auf meiner inneren wie auch äußeren Reise begleitet. Er bestärkt mich immer wieder, mir selbst nah und treu zu sein, meinen eigenen Weg zu finden, ihn mit Freude, Klarheit und Wahrhaftigkeit zu gehen und meinem Herzen einen sichtbaren Ausdruck in der Welt zu geben.

Der Autor

Christian Mark Bauer wurde 1976 in München geboren und ist mit viel Lebensfreude und Liebe zur Natur aufgewachsen.

Seine Wahrnehmung einer reichen, lebendigen Innenwelt und das Gefühl für die Schönheit des Lebens fand schon in frühen Jahren durch das Zeichnen und später in Gedichten einen Ausdruck.

Die Fragen des Lebens führten ihn zu einer intensiven Beschäftigung mit inneren Prozessen. Über die Zusammenhänge von Körper und Geist, bis hin zu der Ergründung des eigenen Herzens.

Nach nunmehr jahrelanger Erfahrung in den Bereichen der Körper- und Bewusstseinsarbeit, der spirituellen Heilarbeit und der Meditation, inspiriert und begleitet er seit einigen Jahren auch andere Menschen auf ihrem inneren Weg.

Weitere Informationen über den Autor findest Du unter:
www.Christian-Mark-Bauer.de